Der gegenwärtige Krieg
vor dem Forum des Völkerrechts.

Vortrag, unter dem Titel
„Völkerrechtliche Streiflichter zum gegenwärtigen Kriege"
in der Aula der Königl. Sächs. Technischen Hochschule zu Dresden
zugunsten des Roten Kreuzes

gehalten von

Dr. jur. Herbert Kraus,
Privatdozent für Völkerrecht an der Universität Leipzig.

Berlin 1914.
J. Guttentag, Verlagsbuchhandlung,
G. m. b. H.

Meinen Brüdern,
den Oberleutnants zur See Hans-Reinhard
und Enno Kraus, die auf fernen Meeren
für Deutschland fechten.

Einleitung.

Allgemeines.

Königliche Hoheit, meine Damen und Herren!

Wenn ich es heute abend unternehme, mit Ihnen abseits von Tageshast und Leidenschaft völkerrechtliche Erörterungen über den gegenwärtigen Krieg anzustellen, so mag es scheinen, als ob ein armer Mann vor Sie hinträte. Einer, dessen Taschen leer sind und der nichts zu geben hat, außer einem resignierten Rückblick und einem Nachruf nach toten Träumen.

Die Völkerrechtswissenschaft, oder wenigstens ihre modernste Richtung, jene, die auch über den engeren Fachkreis hinaus sich hören ließ, von der man auch in weiteren Kreisen sprach, hat in den letzten Jahren gebaut und gebaut. Immer kühner wurde das System, das sie entwickelte, und welches den Namen der „Organisation der Welt" trug. Immer näher schien den Vertretern dieser Richtung das Ideal eines Weltstaatenbundes zu kommen, der die Mächte der Erde unter einem großen Rechtssystem einigen sollte. Man überlegte sich schon, ob man dieses Rechtssystem in einem allgemeinen Gesetzbuch zusammenfassen könne, man erörterte den Gedanken eines großen Staatengerichtshofes und seiner Verfassung. Noch kühner flogen die Wünsche: eine internationale Polizeitruppe sollte gegründet werden, ihr Sitz sollte ein neutralisiertes Gebiet sein; eine Art Bundes-Exekutionsorgan sollte sie bilden, das widerspenstige Glieder des Bundes zum schuldigen Gehorsam zu zwingen hätte. Und die Träume eines Sully, des gesprächigen Abbé St. Pierre oder eines Emméric Crussée schienen zu greifbaren Wirklichkeiten werden zu wollen.

Mit dem gegenwärtigen Kriege hat sich über alle diese Theorien ein dichter Nebel gebreitet, der von den Schlachtfeldern

Europas aufsteigt. Und keiner kann sagen, wann er sich wieder lüften wird, und was dann noch da sein wird.

Sicher ist nur so viel: Wir werden nie wieder das alte Bild schauen, das die Welt der Staaten vor dem Kriege bot, weder in ihren politischen noch in ihren rechtlichen Beziehungen.

Was aber wird dann zertrümmert sein, was noch stehen, und was wird neu sein, wenn der entsetzliche Fieberschauer, unter dem die ganze Welt in diesem Augenblicke zuckt, ausgetobt haben wird?

Werden wir dann insbesondere überhaupt noch ein Völkerrecht haben?

Wollte man der Tagesmeinung glauben, so müßte man diese Frage gegenwärtig wohl ohne weiteres verneinen. Denn immer größer wird die Schar derer, die es offen aussprechen, daß es kein Völkerrecht mehr gebe, und immer lauter ihr Ruf, daß das Völkerrecht bankrott gemacht habe.

Völkerrecht und gegenwärtiger Krieg.

Um diese Behauptung gerecht würdigen zu können, muß man sich vor allem vor dem unaufhörlich begangenen Fehler hüten, von dem Völkerrecht zuviel zu verlangen.

Die Unfertigkeit des Völkerrechts.

Wir dürfen nicht vergessen, daß es ein junger, in seinen feineren Verzweigungen noch unausgebildeter Sprößling des Rechts ist. Groß ist das noch unbeackerte Feld, die Sphäre des Dürfens für die einzelnen Staaten, innerhalb deren kein völkerrechtliches Gebot ihr Tun einengt.

Fremdenrecht.

Die Behandlung des Fremden, der sich in Kriegszeiten auf dem Gebiete eines Kriegsteils aufhält, insbesondere das uns ängstigende Kapitel des Wohlergehens unserer Landsleute in Feindesland, die Frage nach den Grenzen ihrer Bewegungsfreiheit, ihren Aufenthaltsbedingungen und ihren Abreisemöglichkeiten gehört z. B. in großem Umfang hierher.

Recht der unterseeischen Telegraphenkabel.

Und ähnlich steht es mit dem Recht der unterseeischen Telegraphenkabel. Hier hat sich bis heute eigentlich nur ein wirklich wichtiger, aber anderseits auch selbstverständlicher Satz zum geltenden Recht herausgebildet, nämlich der, daß die die Gebiete neutraler Staaten verbindenden Kabel in Kriegszeiten von den kriegführenden Parteien nicht durchschnitten werden dürfen. Wenn England unsere Kabel nach Kriegsbeginn zerstört hat, so kann es sich demnach zu seiner Rechtfertigung auf das Schweigen des Völkerrechts über solches Tun berufen.

Völkerrecht und Moral.

Zum andern muß man sich aber auch besonders davor hüten, die Gebote des Völkerrechts mit denen der Völkermoral zu verwechseln und aus diesem Irrtume Folgerungen gegen das Völkerrecht abzuleiten.

Ich glaube, daß man angesichts dessen, was wir in diesen Zeiten erleben müssen, mit viel mehr Grund von einem Bankrott der Völkermoral reden könnte als von dem des Völkerrechts.

Für unmoralisch würde ich es z. B. halten, wollte ein Staat, der ein internationales Abkommen ratifiziert hat, z. B. die Haager Konvention über die Beschränkung des Beuterechts zur See, worin die Freiheit der Briefe bestimmt ist, dessen Befolgung nur deshalb ablehnen, weil irgendeine belanglose Nebenpartei in dem Streit — sagen wir z. B. Montenegro oder Japan —, die noch dazu auf seiner Seite steht, die betreffende Genehmigung des Abkommens nicht gegeben hat.

Krieg und Berichterstattung.

Unmoralisch ist besonders die Art, wie gegenwärtig die Wahrheit prostituiert wird.

Daß die Besiegten ihren Ländern über ihre Mißerfolge keinen reinen Wein einschenken, ist dabei nicht tragisch zu nehmen und eine Sache, die die betreffenden Regierungeu schließlich mit ihren Regierten abzumachen haben.

Auch daß die Anstifter dieses Krieges sich in die Brust werfen und für die Verteidiger einer gerechten Sache erklären, wiegt verhältnismäßig leicht und ist ein altes, abgebrauchtes und harmloses Spiel, ungefährlich, denn die Geschichte wird ihnen nur zu bald die Maske vom Gesicht reißen.

Neu aber und unerhört ist die Art, wie jetzt durch unsere Gegner die internationale öffentliche Meinung irregeleitet wird. Das ist nicht Spiel noch Pose, sondern ein auf seinen Erfolg mit raffinierter Meisterschaft berechnetes neues Kampfmittel. Und wir müssen es gestehen, daß wir gegenüber diesem ungleichen und unerwarteten Franktireurkrieg um die internationale öffentliche Meinung bisher den kürzeren gezogen haben.

Unterschätzen wir diese Erfolge nicht! Kriege werden nicht mehr allein mit den Waffen gewonnen. Es ist ein großes Ding, die internationale Meinung gegen sich zu haben, diese namenlose Macht, die nirgends sichtbar und nirgends zu fassen, aber doch allgegenwärtig ist. Sie kann neue Feinde gebären, geschlossene Bündnisse zerstören und so auf den Ausgang eines Krieges einen bestimmenden Einfluß ausüben.

Krieg und Seebeuterecht.

Höchst unmoralisch ist ferner auch, was jetzt da draußen auf dem hohen Meere vor sich geht. Ich meine nicht die Wegnahme der sogenannten Kriegskonterbande, soweit dieser Begriff nicht, wie das seitens Englands zu geschehen scheint, über Gebühr oder über selbst auferlegte Beschränkungen hinaus ausgedehnt wird. Was ich meine, das ist, daß jetzt tagtäglich „feindliche“ Handelsschiffe aufgebracht und konfisziert oder zerstört werden. Solche Jagd auf das Eigentum von Einzelpersonen, durch die ungezählte Millionen an Wert vernichtet werden, widerspricht völlig den Grundanschauungen vom Wesen und von der Aufgabe des Krieges, wie sie sich in jahrhundertelanger, steter geschichtlicher Entwickelung zum festen Bestande unseres modernen Denkens herausgebildet haben. Der Krieg ist ein Kampf zwischen Staaten, aber nicht gegen unbeteiligte Einzelpersonen.

Im Landkriegsrecht ist das schon längst zur grundsätzlichen Anerkennung gelangt.

Ganz anders im Seekrieg! Dort gilt noch das Recht des

Seeraubes und hat seine ausdrückliche Regelung durch das Völkerrecht erfahren: Ein Geschenk der Königin der Meere an die Staatenwelt, Englands, das von einem solchen Zustande natürlich die meisten Vorteile haben muß, und das bisher nie dazu gelangt ist, das Völkerrecht als das anzusehen, was es in Wahrheit ist, ein Krompromißerzeugnis zu dem Zwecke, das friedliche Zusammenleben zwischen den Mitgliedern der Völkerrechtsgemeinschaft zu ermöglichen. Für England ist das Völkerrecht nie mehr gewesen als ein Mittel, seinen Sonderinteressen zu dienen; ein Sklave für eine Herrennation dünkt es ihm, statt ein Herr über Staaten. — Ich spreche ohne Haß und Leidenschaft, von Dingen, die nicht erst gestern, nicht erst unter dem Eindrucke dieses Krieges erkannt oder erfunden worden sind, sondern die die alte, wohlbekannte Klage eines jeden bilden, der sich mit Völkerrecht beschäftigt.

England hat bis jetzt stets auf das hartnäckigste der Abschaffung des Beuterechts zur See widerstanden und es verhindert, was seit langem von anderen Staaten mit den Vereinigten Staaten und Deutschland an der Spitze eifrig erstrebt wurde. Und erst jüngst wieder hat es auf der Zweiten Haager Konferenz von 1907 gegen einen entsprechenden Antrag gestimmt, in seinem Gefolge diesmal seine Satelliten von heute: Frankreich, Rußland und Japan, außer Staaten wie Mexiko, Kolumbia und Panama.

Angebliche Völkerrechtsverletzungen.

In diesem Zusammenhange lassen Sie mich auf eine Reihe von Maßnahmen eingehen, die für Völkerrechtsbrüche erklärt worden sind, ohne es in Wahrheit zu sein.

Bei Behauptungen wie denen, die Deutschen benutzten unerlaubte Explosivgeschosse, hätten flutende, unverankerte Kontaktminen gelegt, oder gar sie trieben eingeborene Frauen und Kinder vor ihren Schlachtreihen her, wollen wir uns dabei nicht erst lange aufhalten. Sie sind aus der Luft gegriffen. Die Verbreiter solcher Beschuldigungen haben noch nicht den leisesten Versuch gemacht, sie auch wirklich zu beweisen, und diese Anschuldigungen erscheinen somit als haltlose Verleumdungen.

Das Werfen von Bomben aus Luftschiffen.

Nur kurz brauchen wir wohl auch hervorzuheben, daß keine Völkerrechtsverletzung das von unsern Gegnern übrigens ebenfalls, und zwar vor uns, unternommene Werfen von Bomben aus Luftschiffen auf den Feind ist. Es ist kein Grund einzusehen, warum der Luftkrieg in seinen Mitteln beschränkter sein sollte als der Land- und Seekrieg. Insbesondere hat sich Deutschland in dieser Richtung in keiner Weise durch Verträge beschränkt. Der Versuch, die Staatengemeinschaft hier zu Abmachungen zu bringen, ist gescheitert. Die betreffende Erklärung ist von der Mehrzahl der Beteiligten dieses Krieges, darunter von Deutschland, nicht einmal unterzeichnet, geschweige denn ratifiziert worden. Ratifiziert haben es davon nur Belgien und England, unterzeichnet außerdem Österreich-Ungarn; Frankreich, Japan und Rußland befinden sich nicht unter den Signataren.

Sogar London dürfte von uns bombardiert werden. Wir sind nur verpflichtet, unverteidigte Städte nicht anzugreifen oder zu beschießen. So sagen Artikel 25 der Haager Ordnung betreffend die Gesetze und Gebräuche des Landkrieges sowie Artikel 1 des Haager Abkommens betreffend die Beschießung durch Seestreitkräfte in Kriegszeiten. Daß die angreifbare Stadt auch befestigt sein müsse, wie oft angenommen wird, befehlen diese Konventionen nicht. Und daß London unsern Zeppelinen zum Empfange die weiße Fahne entgegenwehen lassen wird, ist kaum wahrscheinlich und paßt schlecht zu den Berichten über die Vorbereitungen, die es zur Begrüßung unserer Luftflotte gemacht zu haben scheint.

Die Wegnahme von Geiseln.

Ebenso ist selbstverständlich die Wegnahme von Geiseln eine völkerrechtlich durchaus zulässige, durch jahrhundertelange Übung sanktionierte Maßnahme, erlaubt sowohl, um die Beitreibung einer Kontribution als auch um die Wiederherstellung der Ordnung in einem besetzten Lande zu sichern. Diese Maßnahme wird erst zum völkerrechtlichen Unrecht, wenn sie zur Verschleppung von

Nichtkriegsteilnehmern aus vorübergehend besetztem Gebiete (z. B. Elsaß-Lothringen, Ostpreußen), in dem der Feind sich nicht zu halten vermag, ausartet.

Repressalien und Kriegsverbrechen.

Damit kommen wir ganz von selbst auf einen weiteren wichtigen Punkt, nämlich auf die Frage, inwieweit in einem Kriege die Vornahme von Vergeltungsmaßnahmen zulässig ist.

Hier setzen die besonders lauten Vorwürfe unserer Gegner gegen uns ein. Sie empören sich darüber, daß wir Städte, aus denen Einwohner fortgesetzt hinterrücks auf die darin befindlichen deutschen Truppen geschossen oder die bekannten Scheußlichkeiten an Verwundeten begangen hatten, bestraft, insbesondere Löwen zum Teil beschädigt haben — übrigens gar nicht so schlimm, wie es nach den ersten Meldungen aussah —; daß für die Untaten der Franktireurs auch unmittelbar an den vorangegangenen Schändlichkeiten Unbeteiligte haben mit leiden müssen.

Ein berühmter französischer Professor für internationales Recht ist nach Italien gegangen und hat sich besonders bitter darüber beklagt, daß wir Unschuldige die Ausschreitungen Einzelner entgelten ließen.

Wenn es sich bei jenen Überfällen in Belgien nur wirklich lediglich um die Ausschreitungen Einzelner gehandelt hätte, statt um einen von allen Seiten erfolgenden, trotz ernstester Warnungen sich immerfort wiederholenden und daher von der ganzen Bevölkerung zu vertretenden Angriff, für den es immer wahrscheinlicher wird, daß er sogar von den betreffenden Ortsbehörden planmäßig organisiert worden ist*)!

Jenem französischen Gelehrten aber möchte ich noch entgegenhalten, daß, wenn es im Kriege streng nach Schuld und Unschuld ginge, Kriege nicht zwischen Soldaten, sondern wohl meistens zwischen Diplomaten ausgefochten werden müßten.

---

*) Von der Anwendung des Artikels 50 der Haager Landkriegsordnung kann nach Lage der Sache natürlich keine Rede sein.

Tatsächlich ist die Vornahme von Repressalien im Kriege natürlich durchaus zulässig. Sie sind ebenso berechtigt wie die Bestrafung von Kriegsverbrechen gleich Beraubung von Verwundeten und Gefallenen, Brunnenvergiftung, Spionage, Benutzung falscher Flaggen und dergleichen mehr am Schuldigen selbst. Solche Versuche, uns die völkerrechtliche Vergeltungsbefugnis zu verkürzen, muten jeden, der eine auch nur oberflächliche Bekanntschaft mit dem Völkerrecht hat, höchst seltsam an. Die Geschichte des Völkerrechts ist voll von Belegen für eine zum Teil sehr scharfe Anwendung solcher Maßnahmen gerade durch unsere heutigen Gegner.

Massenerhebungen.

Hierbei möchte ich übrigens besonders vor einem Fehler warnen, nämlich davor, daß der völkerrechtliche Begriff der „Massenerhebung" auf dasjenige Verhalten der belgischen Bevölkerung angewendet werde, das die deutsche Heeresleitung zur Anordnung der geübten Vergeltungsmaßnahmen veranlaßt hat. Das Völkerrecht räumt allerdings den Teilnehmern an einer „Levée en masse" unter bestimmten Voraussetzungen die Stellung einer Kriegspartei ein, d. h. es befiehlt, daß sie wie reguläre Soldaten behandelt werden sollen, so daß ihr kriegerischer Widerstand weder als Kriegsverbrechen behandelt werden kann noch Repressalien rechtfertigt. Aber dies ist nur unter ganz bestimmten und begrenzten Bedingungen geschehen.

Am weitesten geht dabei die Haager Landkriegsordnung von 1899. Diese sagt im Artikel II (ich will dies wörtlich wiedergeben, um diesen Punkt ganz klarzuhalten):

> „Die Bevölkerung eines **nicht besetzten** Gebiets, die beim Herannahen des Feindes aus eigenem Antriebe zu den Waffen greift, um die eindringenden Truppen zu bekämpfen, ohne Zeit gehabt zu haben, sich nach Artikel I" (d. h. mindestens als Miliz- oder Freiwilligenkorps) „zu organisieren, wird als Kriegspartei betrachtet, **sofern sie die Gesetze und Gebräuche des Krieges beobachtet**".

Und die Haager Landkriegsordnung von 1907 hat als weiteres Erfordernis hinzugefügt, daß jene Leute „die Waffen offen führen“ müssen.

Also: Ein Widerstand gegen den eindringenden, aber noch nicht drinnen befindlichen Feind wird verlangt, ein Angriff, der zu schnell kam, um eine Organisation zu gestatten, und endlich die Anwendung der Kriegsregeln sowie offenes Waffenführen.

Sicherlich war das Verhalten der belgischen Bevölkerung, das die deutschen Gegenmaßnahmen hervorrief, danach keine Massenerhebung im Sinne des Völkerrechts. Denn jene Bevölkerung hat die Gebräuche und Regeln des Krieges in keiner Weise beobachtet, und außerdem hat sie sich nicht gegen den eindringenden, sondern gegen den bereits aufgenommenen, verpflegten Feind aufgelehnt. Ihr Verhalten ist nichts mehr als die Begehung verdammungswürdiger, organisierter Kriegsverbrechen, wogegen vorzugehen die Pflicht jeder Heeresverwaltung ist und die unsere Gegner — das zeigt ihr Verhalten in allen von ihnen bisher geführten Kriegen (ich könnte zahlreiche Beispiele z. B. aus dem Burenkriege oder dem Russisch-Japanischen Kriege mitteilen) — am allerletzten dulden würden.

Beschädigung der Kathedrale von Reims.

Unter dem Gesichtspunkte der Repressalie rechtfertigt sich übrigens auch die Beschädigung der Kathedrale von Reims, die erfolgt ist, nachdem unter Mißbrauch der weißen Flagge ihr Turm als militärischer Beobachtungspunkt verwendet worden war.

Diese Beschießung war übrigens auch abgesehen hiervon und in erster Linie schon deshalb völkerrechtlich durchaus zulässig, weil das Gebot der Schonung derartiger Bauwerke nach anerkannten völkerrechtlichen Grundsätzen in dem Augenblicke erlischt, wo der Feind sie zu militärischen Zwecken benutzt.

Die Deutschen als Kunstbarbaren.

Es wird jetzt so viel geredet und geschrien, besonders in den neutralen Ländern: Schutz den Kunstwerken, den Bildern und Museen, den Palästen und Kathedralen. Sogar wissenschaftliche Institute neutraler Länder nehmen sich die Freiheit, ohne genügende Kenntnis der Sachlage ihre Stimme zum Protest gegen eine derartige Barbarei zu erheben.

Gewiß: Die Beschädigung jedes solchen Kunstwerkes wie der Kathedrale von Reims muß die ganze Welt auf das höchste betrüben, weil sie uns alle ärmer macht und ein ehrwürdiges, von den Geschlechtern vor uns überkommenes und für unsere Nachkommen uns anvertrautes Erbe darstellt, ganz gleichgültig, wo es steht.

Wir Deutschen, die wir in bezug auf Kunstpflege und Kunsterforschung uns mit jeder Nation der Welt messen können, sind über den Vorwurf mangelnder Achtung vor den Wahrzeichen der Kunst unserer Voreltern erhaben. Niemand wird über die stattgehabten Zerstörungen bekümmerter sein können als wir, die wir dadurch nicht weniger verlieren als Frankreich oder Belgien. Aber wir beugen uns vor der harten, durch unsere Gegner geschaffenen Kriegsnotwendigkeit.

Wenn auch die Väter und Brüder dieser Schreier, wie unsere braven, treuherzigen Soldaten von den Geschossen hingemäht würden, welche von solchen Stätten der Kultur her dirigiert werden, ich bin sicher, jene Schreier würden die ersten sein, die vor Begierde danach zitterten, den ersten Schuß auf diese Kultstätte abzugeben, mag sie noch so alt und ehrwürdig sein, und jenes Geschrei, das widerwärtig in unsern Ohren klingt, würde bald genug verstummen.

Die Besetzung Luxemburgs und Belgiens.

Die wichtigste Frage aber in diesem Zusammenhange, die uns am meisten am Herzen liegt und deren Beantwortung uns alle gepeinigt hat, das ist die: Hat Deutschland durch den Einmarsch der deutschen Truppen in Luxemburg und Belgien das Völkerrecht verletzt oder nicht? Unser Reichskanzler hat diese Frage bejaht und das deutsche Vorgehen für ein Unrecht erklärt.

So mannhaft diese offene Erklärung ist und so stolz wir darauf sein können, daß der oberste Beamte des Deutschen Reiches es verschmäht hat, anders zu reden als er dachte und in der heiligen Stunde, in der er Deutschlands Haltung vor der ganzen Welt rechtfertigte, seinen Mund mit einer Lüge zu beflecken, so müssen wir ihm doch mit derselben sachlichen Offenheit widersprechen. Gewiß: Wir haben das Gebot des Völkerrechts, fremde Gebietshoheit nicht zu verletzen und gegebene Versprechungen zu halten, unbeachtet gelassen.

Aber ein völkerrechtliches **Unrecht** haben wir damit trotzdem nicht begangen. Denn wir waren nach Lage der Sache, mit dem zum Einmarsch nach Belgien bereiten Frankreich vor uns, von Feinden nahezu eingekreist, die alle begierig sind, uns den Lebensfaden abzuschneiden, rechtlich dazu gar nicht verpflichtet, diese allgemeinen Gebote zu achten.

Kein Gebot der Welt könnte einer Nation solche selbstmörderischen Schranken auferlegen, uns die Zähne an dem riesigen französischen Panzergürtel an unserer Grenze auszubeißen und unterdessen unseren Gegnern die Gelegenheit zu lassen, in aller Gemächlichkeit ihren Feldzugsplan nach dem unseren durch unsere Durchbruchsversuche notwendigerweise enthüllten, einzurichten, statt eine schnelle Parade gegen die einzige schwächere Stelle zu schlagen.

Dies um so mehr, als wir von vornherein auf die Beteiligung des Dritten im Dreiverbande rechnen mußten, Englands, das uns die Zusicherung seiner Neutralität auch für den Fall der Achtung belgischer Neutralität verweigert hatte, das als ständige Kriegsdrohung alle unsere Maßnahmen beengt haben und im günstigen Moment — niemand zweifelt daran — doch eingegriffen haben würde.

So haben wir zur Verteidigung gegen den Überfall unserer Feinde nach Englands und Frankreichs Achillesferse gestoßen. Und der Stoß hat gesessen — dem Himmel sei Dank dafür.

Eine Maßnahme der Selbsterhaltung war dies Vorgehen.

An der Befugnis zur Selbsterhaltung enden die allgemeinen Gebote des Rechts. Das ist ein allgemeiner Grundsatz, der für alle seine Zweige gilt, für das Privat- wie für das öffentliche, für das nationale wie für das internationale Recht.

Niemand muß verhungern, wenn er sich durch einen Griff in den Brotbeutel am Wege retten kann — David nahm — Professor Harnack hat in der schönen Antwort an englische Geistliche darauf hingewiesen — in höchster Not die Schaubrote vom Tische des Herrn und war dabei ganz im Recht; niemand muß dulden, daß der Funken vom brennenden Nachbarhause seine Feime anstecke. Er kann den brennenden Nachbarbesitz niederreißen; und liegt ihm dabei das Feld eines Dritten dazwischen, muß er dazu die Ernte eines anderen zerstampfen, so kann er es tun, ohne sich dadurch einer Rechtswidrigkeit schuldig zu machen.

Lassen Sie mich noch ein weiteres Beispiel, das zwar ungewöhnlich, aber der ungewöhnlichen Situation angepaßt ist, bringen: Ich befinde mich meinem Todfeinde gegenüber und weiß, daß er sich im nächsten Augenblicke auf mich stürzen wird. In der Nähe liegt eine fremde Waffe. Werde ich mich besinnen, sie zu meiner Verteidigung zu benutzen, unbekümmert darum, ob ihr Eigentümer mir das tausendmal verbietet? Nie und nimmer werde ich mich besinnen, und insbesondere dann nicht, wenn mein Gegner Anstalten dazu macht, seinerseits diese Waffe gegen mich aufzunehmen; und wenn er gar von ihrem Eigentümer darin gestärkt oder unterstützt wird, wer wird mich dann tadeln, wenn ich auch gleich mit ihm Abrechnung halte und auch gegen ihn vorgehe?

So ist es im nationalen Recht, und so ist es im Völkerrecht. Die Befugnis, seine allgemeinen Gebote zu übertreten, wenn dies zur Rettung aus einer gegenwärtigen Gefahr für einen Staat notwendig erscheint, gehört zu seinen gesichertsten Beständen.

Fall der dänischen Flotte.

Gerade England gegenüber ist diese in der Wissenschaft allgemein anerkannte Wahrheit am leichtesten zu verteidigen. Denn England hat den berühmtesten Anwendungsfall für das Selbsterhaltungsrecht geliefert. Das war nach dem Frieden von Tilsit. Damals verlangte es, mit Frankreich im Kriege befindlich, von dem friedlichen Dänemark die Auslieferung der dänischen Flotte

„zur Aufbewahrung". Es tat dies, weil es fürchtete, Frankreich werde anderenfalls diese Flotte nehmen und gegen England verwenden. Dänemark weigerte sich — gerade wie heute Belgien uns gegenüber —, diesem Verlangen nachzukommen, worauf England Kopenhagen beschoß und die dänische Flotte gewaltsam fortnahm.

Der englischen und amerikanischen Diplomatie haben wir auch die klassische Formulierung der Voraussetzungen dafür zu danken, wann derartige Selbsterhaltungsmaßnahmen zulässig sind.

Caroline-Fall.

Das hierfür maßgebende Ereignis fällt in das Jahr 1837. Während eines Aufstandes in Kanada gegen England nämlich hatte eine Gruppe von Insurgenten die im Niagarafluß gelegene Navyinsel besetzt und sie zur Operationsbasis gegen England gemacht. Die Aufständigen verwendeten dabei das Dampfboot „Caroline". Als dieses am 29. Dezember 1837 auf amerikanischer Seite ankerte, und zwar im Hafen von Schlosser (Staat von Neuyork), wurde es von einem englischen Detachement dort angegriffen, genommen, angesteckt und brennend die Niagarafälle heruntergesandt. England beging also eine Verletzung amerikanischer Gebietshoheit. In den diplomatischen Erörterungen, die sich an diesen Fall anschlossen, erklärte nun der amerikanische Staatssekretär Webster der englischen Regierung gegenüber wörtlich folgendes:

> „Es wird dieser Regierung obliegen, eine Notwendigkeit zur Selbstverteidigung zu zeigen, die gegenwärtig und überwältigend war, keine Wahl der Mittel und keinen Augenblick zur Überlegung ließ."

Und der Vertreter der englischen Regierung, Lord Ashburton, nahm in seinem Antwortschreiben diese Wendung Websters ausdrücklich an, sie wörtlich wiederholend.

Sie kann seitdem als eine Art authentischer Bestimmung des Begriffes des Selbsterhaltungsrechts gelten. Klingt es nicht, als ob diese vor beinahe 100 Jahren geschriebene Definition geradezu auf den gegenwärtigen Fall gemünzt wäre?

Was war es denn anderes, das uns zu unserem Tun zwang, als eine Notwendigkeit zur Selbstverteidigung, die gegenwärtig und überwältigend war, keine Wahl der Mittel und keinen Augenblick zur Überlegung ließ?!

Das Komplott unserer Gegner.*)

Und hinzu tritt, daß sich die Anzeichen dafür immer mehr und mehr zur festen Beweiskette fügen, daß zwischen Frankreich, England und Belgien ein völliges Einverständnis über ein gemeinsames Vorgehen gegen Deutschland bestand.

Die im Brüsseler Archiv von uns vorgefundenen Urkunden, die in diesem Augenblicke von unserer Regierung bekanntgemacht werden, tun es insbesondere dar, daß schon im Jahre 1906 die Entsendung eines englischen Hilfskorps nach Belgien für den Fall eines deutsch-französischen Krieges in Aussicht genommen und sorgfältig ausgearbeitet worden war.

Für die Tatsache, daß Frankreich im Begriff stand, in Belgien einzurücken — trotz der feierlichen Verneinung dieser Absicht —, haben wir noch außer den bereits bekannten Anzeichen weitere, und zwar unumstößliche, Beweise zu erwarten. Sie befinden sich bereits in den Händen unserer Regierung.

Und endlich wird es auch immer gewisser, daß sich französische Truppen — ja vielleicht sogar auch englische — zur Zeit des Kriegsausbruches schon in Belgien befanden.

Ist dem aber so, so fällt die Anklage unserer Gegner gegen uns ganz von selbst in sich zusammen. Wir waren natürlich nicht gebunden, eine bereits von unseren Gegnern verletzte Neutralität unsererseits zu achten und um das Gebiet eines Staates herumzugehen, der gegen uns im Komplott war und bereits listigen Überfall auf unser Gebiet sowie Hilfeleistung dazu zugesagt und geplant hatte.

Und wäre nicht jenes Wort des Reichskanzlers von Deutschlands Unrecht an Belgien gefallen, ein Wort, das er nach den

*) Man lese hier besonders die überzeugenden Ausführungen, die der Reichstagsabgeordnete Erzberger im Roten Tag vom 21. Oktober 1914 unter der Überschrift: „Belgien verletzte wissentlich seine eigene Neutralität" gemacht hat.

unterdessen ans Licht gekommenen Tatsachen gewiß nicht gesprochen haben würde, so brauchten wir uns bei der Verteidigung des deutschen Tuns nicht erst aufzuhalten. Wir könnten uns vielmehr auf den Angriff beschränken, darauf, mit Waffen und Worten Rechenschaft von unseren Gegnern für ihr frevelhaftes Tun zu fordern.

Sei dem aber wie ihm sei. Schon vom Gesichtspunkte der Selbsterhaltungsbefugnis aus kann es nicht einen Augenblick zweifelhaft sein: Deutschland steht mit diesem Einmarsch in Belgien und Luxemburg vor dem Forum des Völkerrechts ohne Schuld da.

Die Völkerrechtsbrüche.

Der Kriegsbeginn.

So viel von den angeblichen Völkerrechtsverletzungen. Und nun die Kehrseite, die tatsächlich vorgekommenen Brüche!

An ihrer Spitze steht die Störung des Weltfriedens durch unsere und Österreichs Gegner.

Es wird die Ansicht vertreten, der Kriegsbeginn könne nie ein völkerrechtliches Verbrechen darstellen. Wenn ein Staat sein eigenes Selbst einsetzen wolle, so könne er jederzeit Krieg anfangen. Vor dem Kriege habe die Frage nach Schuld und Unschuld haltzumachen.

Ich bin grundanderer Meinung:

Müßten wir nicht den Staat in der Tat für ein moralisches Ungeheuer ansehen, wenn er, der uns die Verkörperung des Rechtsgedankens ist, dem als seine vornehmste Aufgabe die Bewahrung und Bewährung des Rechts anvertraut ist, selbst jenseits von Gut und Böse stünde, wenn er, der den Mord straft, selbst Ströme Bluts ins Blutmeer leiten darf, ohne selbst schuldig werden zu können?

Und schlimm wäre es um das Gewissen eines Volkes bestellt, das lässig in der Beantwortung der Frage nach Schuld und Unschuld an solch fürchterlichem Geschehen wäre. Die Reaktion des Volksgewissens gegenüber Recht und Unrecht ist der feinste Gradmesser für den sittlichen Stand eines Volkes. Wie oft haben wir den moralischen Verfall der französischen Nation an ihren willkürlichen Geschworenensprüchen gezeigt! Und kurz vor dem Verbrechen an uns haben sie ihn mit denkbar schärfster Deutlichkeit durch jenen Freispruch einer schönen, einflußreichen Mörderin, dem Fall der Madame Caillaux, wieder einmal bewiesen.

Keinen Augenblick sollten wir — meine ich — ruhen, die Schuldfrage an diesem Kriege zu stellen, bis wir uns selbst ganz klar geworden sind. Und unaufhörlich sollten wir dann die Wahrheit in alle Welt hinausrufen, bis wir die internationale öffentliche Meinung zu ihr bezwungen haben, die nackte Wahrheit und die fürchterliche Anklage, daß wir grundlos überfallen worden sind, die wir nichts suchten als den Wohlstand in friedlicher Arbeit, bei ehrlichem Wettstreit. Und daß ein Fürstenmord das Zeichen zu dem großen Kesseltreiben gegen uns gegeben hat, ein Fürstenmord, an dem alle unsere Gegner mitschuldig geworden sind, die dem Rächer in den erhobenen Arm fielen.

So ist es doch in der Tat:

Das Völkerrecht kennt nur vier berechtigte Kriegsgründe, nämlich einmal die Strafe für ein begangenes Völkerrechtsverbrechen. Er rechtfertigt Österreichs Vorgehen gegen Serbien. Ob die serbische Regierung an dem Morde von Serajewo direkt beteiligt war, das wissen wir nocht nicht. — Durch das von Österreich den Mächten überreichte Memorandum vom 23. Juli 1914 über Serbiens Schuld sowie den gegenwärtig schwebenden Prozeß gegen die Verschwörer ist jedoch so viel einwandfrei festgestellt, daß dieses Verbrechen auf dem Sumpfboden einer unter den Augen der serbischen Regierung betriebenen und von hohen serbischen Staatsbeamten geleiteten maßlosen serbischen Propaganda gegen die habsburgische Doppelmonarchie geboren wurde.

Ich kann es mir nicht versagen, zur Kennzeichnung der völligen Zügellosigkeit dieses Treibens hier ein Gedicht im Wortlaut aus dem österreichisch-ungarischen Memorandum wiederzugeben, das in der serbischen Zeitung „Politika" am 18. August 1910 zum 80. Geburtstage des Kaisers Franz Josef erschienen ist. Die betreffende Nummer brachte ein großes Bild eines gewissen

Bogdan Zerajic, eines jungen fanatischen serbischen Studenten, der am 2. Juni 1910 ein Attentat gegen den Landeschef von Bosnien und der Herzegowina versucht hatte. Das Attentat mißglückte und der Täter schoß sich die letzte Kugel seines Revolvers durch den Kopf. Die betreffende Nummer der „Politika" verherrlicht nun den Attentäter mit den emphatischsten Ausdrücken, nennt ihn den tapferen und selbstbewußten Zerajic, der als edler Sprosse eines Volkes diese Tat begangen habe, das auf solch blutige Weise gegen die Fremdenherrschaft protestieren wollte. Der Artikel versichert, daß Zerajics Name im Volke wie etwas Heiliges genannt werden werde, und schließt mit dem folgenden — übrigens recht schlechten — Gedicht:

Bosnien lebt, noch ist es nicht tot,
Umsonst habt ihr seinen Leib begraben;
Noch sprüht es Feuer, das gefesselte Opfer,
Noch ist's nicht Zeit, das Grablied zu singen.
Mit Satanshand scharrtet auf ihr die Grube,
Aber der lebende Tote will nicht in die Gruft;
Kaiser, hörest du? Im Blitzen des Revolvers
Sausen die bleiernen Kugeln gegen deinen Thron!
Das sind nicht Sklaven, das ist herrliche Freiheit,
Die aus der kühnen Hand des Unterjochten leuchtet!
Was zittert so dieses schreckliche Golgatha?
Petrus zog das Schwert, Christus zu schirmen,
Seine Hand sank, aber aus dem Blute
Werden tausende tapfere Hände sich erheben;
Dieser Schuß war nur der erste Bote
Der glorreichen Ostern nach Golgathas Peinen.

Ich kann mir eine wüstere Entgleisung ungezügelten nationalen Fanatismus nicht denken. Und trotzdem wurde dieses Machwerk nicht konfisziert!

Wenn man hinzunimmt, daß Serbien damit einem im Jahre 1909 feierlich gegebenen Versprechen zur künftigen Hinderung derartiger Propaganda zuwider gehandelt hat, so scheint sein Verbrechen so schwer, daß die von der österreichischen Regierung mit der befristeten Note vom 23. Juli 1914 darauf gegebene Antwort zwar scharf, aber durchaus angemessen und mäßig war. Österreich wäre völkerrechtlich durchaus dazu berechtigt gewesen, sogleich viel weiter zu gehen. Es hätte Serbien unmittelbar mit Krieg überziehen, mit harter Faust zum Gehorsam zwingen, ja von der Landkarte verschwinden lassen können, eine Absicht, die Österreich übrigens fortgesetzt verneint hat.

Der zweite Rechtfertigungsgrund für einen Krieg ist die Selbsterhaltungsbefugnis; dieser Grund nimmt, wie schon ausgeführt, die Schuld von unserem Vorgehen gegen Belgien und Luxemburg.

Der dritte Grund ist die Zurückweisung von Angriffen, die in berechtigter Selbsterhaltung vorgenommen werden. Dieser Grund macht Belgiens unklugen Widerstand gegen unseren Einmarsch zu einer völkerrechtlich unangreifbaren Maßnahme.

Und endlich kennt das Völkerrecht als vierten berechtigten Kriegsgrund die Hilfeleistung bei einem gerechten Kriege. Hierin liegt die Rechtfertigung von Deutschlands Stellungnahme für Österreich in der serbischen Angelegenheit.

Dieser Grund würde auch Englands Kriegserklärung uns gegenüber völkerrechtlich decken, wenn es der englischen Nation wirklich ernst darum gewesen wäre, Belgien zu helfen. Wenn dies der wahre und einzige Grund für das englische Vorgehen gegen uns gewesen wäre. Wir wissen es aber alle, daß dem nicht so ist. Mit Recht hat der Reichskanzler die Frage gestellt, ob England sich heute wohl auf unserer Seite befinden würde, falls Frankreich in Belgien einmarschiert wäre. Der zusammen mit Burns und Lord Morley wegen des Krieges aus dem englischen Kabinett ausgeschiedene Unterstaatssekretär Trevelyan hat in einem Brief an seine Wähler diese Frage offen verneint. Und unser Staatssekretär von Jagow hat darauf hingewiesen einmal, „daß Sir Edward Grey in seiner Rede im englischen Unterhaus vom 3. August erklärt hat, er habe dem französischen Botschafter bereits am Nachmittage des vorhergehenden Tages, also am 2. August, die vollste Unterstützung der englischen Flotte für den Fall zugesichert, daß die deutsche Flotte gegen die französische Küste oder die französische Schiffahrt vorgehe. Erst in der Nacht vom 3. auf den 4. August aber erfolgte die

Verletzung der belgischen Neutralität durch deutsche Truppen." Und zum anderen darauf: „daß Sir Edward Grey in seiner Unterredung mit dem Fürsten Lichnowsky vom 1. August es ausdrücklich abgelehnt hat, Deutschland die Neutralität Englands für den Fall zuzusichern, daß Deutschland die Neutralität Belgiens respektiere".

Ein glücklicher Zufall hat mir das Blaubuch in Hände die geführt, mit dem die englische Regierung ihre Haltung in der „europäischen Krisis" zu rechtfertigen versucht.

Wenn man die in dieser sehr geschickten Zusammenstellung abgedruckten 159 Schriftstücke durchmustert, so tritt einem mit zwingender Anschaulichkeit der folgende Gesamteindruck entgegen: Die englische Diplomatie dreht und wendet sich während der diplomatischen Verhandlungen in unbehaglicher Zwiespältigkeit, weil bei einem Kriege zu dem Zwecke, Österreichs Vorgehen gegen das fürstenmörderische Serbien zu hemmen, die englische öffentliche Meinung .nicht mitgemacht haben würde.

Englands Botschafter in Petersburg, Sir Buchanan, hat dies in einer Note vom 24. Juli 1914 an Sir Edward Grey auch ganz unverblümt ausgesprochen. Er berichtet da von einer Besprechung, die er mit dem russischen Minister des Äußeren und dem französischen Botschafter in der französischen Botschaft zu Petersburg — ein bezeichnender Ort zu solcher Zeit — geführt habe. Dabei habe er erklärt:

> „Die britischen Interessen in Serbien seien gleich Null, und ein Krieg im Interesse dieses Landes würde niemals von der britischen öffentlichen Meinung sanktioniert werden."

Daß Sir Edward Grey gegen diese Erklärung etwas einzuwenden gehabt hätte, davon enthält das Blaubuch nichts.

Da kommt die Frage der belgischen Neutralität auf. Und nun fühlt man aus den Blättern dieser Sammlung förmlich, wie ein Aufatmen der Erleichterung durch die englische Diplomatie geht. Plötzlich kommt Entschlossenheit in sie. Der zureichende Kriegswahlspruch ist gefunden: Schützer der schwachen Staaten!

England Helfer der Schwachen, das unersättliche Albion,

das ganze Länder aufgefressen hat, dessen Kolonialgeschichte die Geschichte der Vergewaltigung und der Vergewaltigungsversuche schwacher Staaten ist, das die Welt die Schande des Opiumkrieges gegen China hat erleben lassen, das von der Türkei Zypern erschlichen hat, das die Burenrepublik geschluckt hat, das eben dabei ist, Afghanistan seinem Besitze zuzuschlagen und sich mit Rußland in Persien zu teilen, das gerade Ägypten vergewaltigt, China an Japan ausliefert, trotz der feierlich unter der Ägide der Vereinigten Staaten proklamierten Politik der offenen Tür in Ostasien, und das Venezuela stark beschnitten haben würde, wenn nicht die mächtige Faust jenes Staates dazwischengefahren wäre, dem allein gegenüber die englische Diplomatie bisher fortwährende Schlappen erlebt hat, die Vereinigten Staaten.

Aber trotzdem: England der Schützer der schwachen Staaten!

Von Frankreich und von Deutschland werden Erklärungen über ihre Absichten in bezug auf Belgien gefordert. Frankreich, das längst zum Einmarsch in Belgien entschlossen ist, versichert, dessen Neutralität achten zu wollen. Deutschland weigert sich, eine solche Erklärung abzugeben. Der Einfall beginnt, und der erwünschte Vorwand ist da. Der Krieg gegen Deutschland kann anfangen, ein Krieg, der gefochten wird für politische Zwecke und nur diese, aus Neid über die natürliche Weiterentwickelung des tüchtigeren Nachbarn, zur Verwirklichung lang ersehnter Vergeltungspläne nach gerecht verlorenem Kriege und beschworenem Friedensschlusse und um phantastische, imperialistische Träume zweier nur unvollkommen zivilisierter Nationen.

Wir wissen es alle und können es als unsere heilige Überzeugung aussprechen: Das Verbrechen, diesen Weltkrieg entfesselt zu haben, fällt auf unsere Gegner, die damit schwerste und untilgbare völkerrechtliche Schuld auf sich geladen haben.

Kleinere Völkerrechtsbrüche.

Hieran reiht sich die Kette der minder schweren Völkerrechtsverletzungen, die wir ja alle kennen:

Die Mißachtungen des Roten Kreuzes.

Das Morden und Brennen ohne zwingende Notwendigkeit.

Die schändliche Benutzung der Dumdum-Geschosse, bezüglich deren jetzt nicht nur die planmäßige Herstellung, sondern auch die Benutzung durch unsere Gegner einwandfrei festgestellt ist.

Die Verletzung des Diplomatenrechts, insbesondere in Marokko, Ägypten und St. Petersburg, wobei vor allem ein Beamter der deutschen Botschaft getötet wurde, eine Tat, der gegenüber die geringfügigen Ausschreitungen in Berlin vor der englischen Botschaft, auch wenn sie nicht herausgefordert worden sind, zu bedauerlichen Kleinigkeiten herabsinken.

Die Nichtachtung des Friedens neutraler Küstengewässer durch den Angriff auf den Hilfskreuzer Kaiser Wilhelm den Großen bei Rio del Oro seitens des englischen Kreuzers Highflyer.

Die Verletzung der Neutralitätsrechte der Schiffe nicht kriegführender Staaten durch die summarische Gefangennahme auch solcher Untertanen einer feindlichen Macht auf ihnen, die nicht zum feindlichen Heere gehören. Allerdings bieten sich hier einige ungelöste völkerrechtliche Zweifelsfragen dar, die ich heute nicht behandeln kann.

Die Verletzung des Konstantinopeler Vertrages vom 29. Oktober 1888 seitens Englands durch Vornahme feindlicher Handlungen gegen deutsche Schiffe im Bereiche des Suezkanals.

Und endlich die Nichtachtung der türkischen Oberhoheitsrechte über Ägypten sowie der Ägypten verbliebenen völkerrechtlichen Rechte durch England.

Ich bilde mir natürlich nicht ein, daß diese Zusammenstellung vollständig ist. Manches mag noch unbekannt sein, mancher Fall sich noch ereignen, einige habe ich übergangen, und mancher mag sich noch befriedigend aufklären.

Hoffentlich! Zwar sind wir es sowohl dem Völkerrechte wie den armen Opfern seiner Übertretungen schuldig, jedem Bruche nachzuspüren und Sühne dafür zu suchen oder zu geben. Aber auf der anderen Seite sollten wir auch über jeden Fall, der sich befriedigend aufklärt, froh sein. Jeder Völkerrechtsbruch, insbesondere jede in diesem Kriege vorkommende Grausamkeit vertieft ja den Abgrund, der uns von dem vorgegaukelten Kulturideal unserer Zeit trennt, bringt mehr Bitternis in diese Hiobstage, und macht den Schritt zum friedlichen Zusammenleben mit unseren Feinden von heute, der einmal getan werden muß, schwerer.

Sicher aber bin ich, daß mit dieser Aufzählung die ernstesten Verletzungen sämtlich hervorgehoben sind.

Das Fortbestehen des Völkerrechts.

Damit kehre ich zu unserem Ausgangspunkte zurück und nähere mich dem Schlusse meiner Ausführungen:

Sind sie wirklich in ihrer Gesamtheit schwer und zahlreich genug, um ein so ernstes Urteil über das Völkerrecht zu rechtfertigen, wie dieses: Es ist durch den gegenwärtigen Krieg zerbrochen?

Übersehen wir dabei eins nicht, daß jenen Mißachtungen auch in diesem Kriege eine so große Reihe von Fällen der Befolgung der völkerrechtlichen Gebote gegenüberstehen, daß die Mißachtungen durchaus als Ausnahmen erscheinen.

Die Taten einer Anzahl Lumpen, die Verwundete quälen oder berauben oder Dumdumgeschosse verwenden, jede Verletzung der Neutralitätsrechte und dgl., kurz, jeder Einzelfall eines Völkerrechtsbruches geht durch alle Zeitungen.

Daß aber Hunderttausende, ja Millionen fortgesetzt die Genfer Konvention achten, sich einer anständigen Kriegführung befleißigen, daß die Staaten, dabei insbesondere die neutralen, bei ihren Maßnahmen in der überwältigenden Mehrzahl der Fälle auf die Gebote des Kriegsrechts Rücksicht nehmen, davon wird nicht gesprochen, weil es selbstverständliche Pflicht ist. Das sollte bei der Beurteilung des Völkerrechts nicht vergessen werden.

Und übersehen wir es ferner nicht, daß es nun einmal das Geschick des Rechts ist — beinahe könnte man sagen, daß es zu seinem Wesen gehört — mißachtet zu werden. Ein Rechtsbefehl, der stets befolgt würde, würde als solcher verschwinden, denn er würde aus einem Befehle zu einer Selbstverständlichkeit werden.

Auch das Recht des täglichen Lebens wird beständig übertreten. Unaufhörlich wird geraubt, betrogen, gestohlen, gemordet. Und doch fällt es niemandem ein, das Bestehen der Landesrechte daraufhin zu verneinen. Warum also das Nichtbestehen des Völkerrechts aus seinen Verletzungen ableiten?

Nein, wir haben bisher keinen Grund und kein Recht, das Fortbestehen des Völkerrechts im gegenwärtigen Augenblicke anzuzweifeln.

Eine Feuerprobe ist diese Zeit, ein gewaltiger, erhabener Reinigungsprozeß: Was faul und morsch ist, wird verschwinden und ist zum Teil schon gefallen. Was dagegen gut, stark und lebenskräftig ist, wird geläutert und erprobt übrigbleiben.

So ist es mit allen Dingen unseres Gemeinschaftslebens, und so ist es auch mit dem Völkerrecht.

Der Krieg ein Erzieher! Wir haben vor 14 Tagen darüber treffende Ausführungen von diesem Pulte aus gehört.

Ein Erzieher von uns zum Völkerrecht! Er lehrt uns mit mächtiger, eindringlicher Sprache, daß wir ohne ein festes, strenges, gebieterisches Völkerrecht nicht auskommen können.

Und ein Erzieher des Völkerrechts. Er wird ihm den Weg von verstaubten Theorien zu den Geboten des Lebens weisen.

In den Wirren des Dreißigjährigen Krieges entstand das Völkerrecht, dessen Ende war sein Anfang. Es war ein schwacher, problematischer und unbewährter Sprößling am Baume der Wissenschaft.

Ein neues Völkerrecht steht vor der Tür, unangekränkelt von des Gedankens Blässe, befreit von der Sklaverei irgendeiner Einzelnation und erfüllt vom Geiste der Gerechtigkeit und der Stärke.

Dieser Weltkrieg wird es gebären, der Sieg deutsch-österreichischer Waffen wird es heraufführen.

Druck von A. W. Hayn's Erben (Curt Gerber), Potsdam.

FSC
www.fsc.org
MIX
Papier | Fördert gute Waldnutzung
FSC® C083411

Kolibri 360 GmbH
Ferdinand-Jühlke-Straße 7
99095 Erfurt, Deutschland
produktsicherheit@kolibri360.de